PROCÈS-VERBAL

DE LA DÉPUTATION

CHARGÉE DE PRÉSENTER

AUX ÉQUIPAGES

DE L'ARMÉE NAVALE,

L'ADRESSE DE LA SOCIÉTÉ

DES AMIS DE LA CONSTITUTION,

ÉTABLIE A BREST,

SOCIÉTÉ

DES AMIS DE LA CONSTITUTION,

ÉTABLIE A BREST.

PROCÈS-VERBAL de la Députation chargée de se retirer vers les Equipages de l'Armée navale, pour leur présenter l'Adresse de la Société des Amis de la Constitution.

AUJOURD'HUI Mardi dix-neuf Octobre mil sept cent quatre-vingt-dix, à une heure après midi, en conséquence de la Délibération de la Société des Amis de la Constitution du 14 de ce mois, de l'approbation du Conseil général de la Commune et de MM. les Commissaires du Roi ; après en avoir informé MM. les Commandant et Intendant de la Marine et M. le Commandant de la rade ; Nous membres de la Société des Amis de la Constitution, Citoyens-militaires et Militaires-citoyens de la Ville de Brest, réunis au lieu ordinaire des Séances de ladite Société, nous sommes transportés dans le Port, où nous nous sommes embarqués dans les canots que M. le Commandant de la Marine avoit fait disposer à cet effet. — Arrivés à bord du vaisseau l'*Auguste*, M. le Président de la Société, chef de la Députation, a fait part à M. de Seillons de l'objet de notre mission, et lui a présenté un exemplaire de l'Adresse. Ce Capitaine, en applaudissant à notre démarche, a exprimé le desir de la voir réussir , et a ordonné à son Equipage de passer sur le gaillard d'arrière , et d'observer le silence. M. le Président a annoncé que l'objet de la Députation étoit d'offrir aux Equipages de l'Armée navale les vœux et les conseils des Citoyens de Brest. Il a aussi-tôt fait lecture de l'Adresse.... Un morne silence a suivi ce premier essai. Alors quelques Députés ont pris la parole ; le reste s'est répandu parmi l'Equipage ; tous ont redoublé d'efforts et de zèle pour développer aux Marins les conséquences funestes d'un plus long égarement, et pour démontrer que , dans cette circonstance , le salut de la Patrie dépendoit de leur soumission à la Loi. Les cœurs se sont émus ; et après trois heures d'exhortations pressantes , on est parvenu à convaincre l'Equipage de la nécessité d'obéir à ses chefs : mais en protestant de sa soumission, il nous a priés de mettre sous les yeux de MM. les Commissaires du Roi ses réclamations contre quelques dispositions du Code pénal , telles que la *lianne* , *l'anneau au pied* , *l'anneau avec une petite chaîne traînante* , et la *peine d'être attaché au grand mât*. M. le Président a observé qu'il falloit commencer par obéir , et que l'obéissance seule pourroit mériter aux Marins l'indulgence de l'Assemblée nationale. Aussi-tôt l'Equipage de ce vaisseau a manifesté son retour à l'ordre , et un cri unanime a annoncé à toute l'Escadre ce premier succès. Nous avons ensuite témoigné toute la joie que cette promesse d'obéissance nous faisoit éprouver ; et nous avons engagé l'Equipage à nommer des Députés pour se réunir à nous, et porter aux autres bâtiments l'assurance de ses sentiments. Les Députés ayant été nommés , nous avons quitté l'*Auguste*, et des cris de *vive la Nation ! vive le Roi !* se sont fait entendre jusqu'à notre arrivée sur les *Deux Freres*. — Ici l'Equipage a partagé unanimement les sentiments du vaisseau l'*Augufte*, et ses Députés se sont joints à nous. Il en a été de même des vaisseaux le *Majestueux* et le *Téméraire*.

Le déclin du jour ne nous permettant pas de continuer notre mission, le Président a annoncé que la Députation se rendra demain à bord de l'*Eole*, où il a invité les Députés des quatre autres bâtiments à se réunir. — En retournant vers le Port, les cris répétés de *vive la Nation! vive le Roi! vivent les citoyens de Brest!* ont retenti de toutes parts. Les Equipages des vaisseaux près desquels nous passions, nous appeloient à leurs bords, et manifestoient leur impatience de nous voir parmi eux.

Le vingt Octobre, à huit heures du matin, nous nous sommes transportés à bord du vaisseau l'*Eole*, où nous avons été bientôt rejoints par les Députés des bâtiments que nous avions visités la veille. L'Adresse a été lue; et nous avons reçu les mêmes applaudissements et les mêmes protestations de soumission et d'obéissance. Nous avons ensuite passé successivement à bord des vaisseaux l'*América*, le *Patriote*, et le *Jupiter*. Sur ce dernier, au moment où nous annoncions que les Equipages que nous avions déjà vus, avoient promis d'obéir; M. Bélizal, Capitaine, a dit : » Les au- » tres Equipages ont juré d'obéir! mes enfants le » jureront aussi. N'est-ce pas, mes enfants, que » vous jurez d'obéir ? Oui, ont-ils tous répon- » du ; *vive notre Capitaine! Et nous avons tous* » répété, *vive le Capitaine du Jupiter!* »

A deux heures après-midi, nous nous sommes rendus à bord de l'*Apollon*. M. Duchilleau qui le commande, nous a dit : » Je suis entierement satis- » fait de mon Equipage ; et s'il falloit dans ce mo-

» ment aller à l'ennemi, je marcherois avec la plus » grande confiance ». Lecture faite de l'Adresse, l'Equipage y a unanimement applaudi. Une voix ayant alors rappelé le Code pénal, elle a été aussitôt interrompue; et tous ensemble se sont écriés : » Que nous importe le Code pénal ? M. Duchil-» leau est notre Capitaine ». A l'instant M. Duchilleau a donné l'accolade au Président de la Députation, et l'on a crié *vive la Nation ! vive le Roi ! vivent M. Duchilleau et les Députés de Brest !* — Nous sommes allés de suite à bord des vaisseaux le *Superbe* et le *Duguay-Trouin*. Leurs Equipages ont, comme ceux des autres bâtiments, écouté nos conseils, et promis de les suivre.

Le vingt-un Octobre, à huit heures du matin, nous nous sommes transportés à bord des vaisseaux le *Tourville* et l'*Entreprenant*. La lecture de l'Adresse y a été suivie des mêmes applaudissements et des mêmes promesses. Delà nous avons passé sur les frégates la *Proserpine*, la *Bellone*, l'*Amphitrite*, la *Fidèle*, la *Cybèle* et la *Fine*, où nousavons observé les mêmes procédés, et obtenu les mêmes succès.

A deux heures après-midi, nous sommes allés à bord des frégates *la Réunion*, *la Danaé et la Surveillante*, où la lecture de l'Adresse a produit les mêmes effets. Rendus à bord de l'*Athalante*, M. Bolle, capitaine de cette frégate, nous a reçus de la manière la plus affectueuse ; et après avoir, dans un court exposé, rendu justice à la subordination et à l'exactitude que son Equipage avoit toujours montrées, il a lu le certificat qu'il lui donnoit en témoignage de sa satisfaction. Ce certificat, qui a excité les applaudissements de la députation entière, a été remis par le plus ancien matelot à M. le Président, qui s'est chargé de le présenter à MM. les Commissaires du Roi. —Sortis

de la frégate l'*Athalante*, nous nous sommes transportés à bord des bâtiments *la Fauvette*, *la Per-
drix*, *le Maréchal de Castries*, *le Rhône*, *l'Impatient*,
le Cerf, *le Goëlan et l'Espiègle*. Nous avons trouvé
leurs équipages absolument dévoués à la plus par-
faite subordination.

Nous devons observer que, sur tous les bâti-
mens, on a réclamé contre les articles du Code
pénal, ci-dessus mentionnés.

En quittant la rade, nous nous sommes rendus
à la *Caserne des Marins*, accompagnés des députés
de l'Escadre. Nous y avons lu l'Adresse, comme
à bord des vaisseaux. Tous les marins rassemblés
ont promis la plus grande subordination ; et après
les cris répétés de *vive la Nation ! vive le Roi !*
ils se sont joints à nous pour accompagner les
députésdes bâtiments jusqu'au lieu de leur rembar-
quement. Là, nous nous sommes séparés, et nous
avons vu avec satisfaction ces braves Marins re-
tourner, avec autant d'ordre que de tranquillité,
les uns à leurs vaisseaux, les autres à la Caserne.

Notre mission achevée, nous sommes retournés
au lieu ordinaire de nos séances, pour faire notre
rapport à la Société. Il étoit à peine fini, lorsque
MM. Hector, Souillac & quelques Officiers de
la Marine se sont présentés. M. Hector, por-
tant la parole au nom du Corps de la Marine, a
remercié la Société de la démarche qu'elle venoit
de faire ; &, en la priant de continuer ses soins
pour le maintien de l'ordre, il l'a assurée que lui et
ses subordonés concourroient de tout leur pouvoir
à seconder ses efforts. Il a ajouté que si quelques
Officiers s'étoient éloignés de la Députation pen-
dant qu'elle agissoit, c'est qu'ils avoient voulu
laisser aux Equipages la liberté de communiquer
leurs réclamations, s'ils en avoient eu à présenter.

M. Souillac, après avoir manifesté les mêmes sentiments que M. Hector, a dit qu'il s'étoit déjà apperçu des heureux effets de nos démarches, en ce que les Marins ne se permettoient plus de cris injurieux contre les Officiers. — La Société, par l'organe de son Président, a témoigné à ces Commandants combien elle étoit flattée d'avoir rempli leurs vœux en ramenant la subordination dans l'Armée. — MM. les Commandants s'étant retirés, la Société a arrêté que la même Députation se rendra demain matin dans les Hôpitaux, pour engager les Marins et les Militaires à suivre l'exemple des Equipages des vaisseaux.

Le vingt-deux Octobre, à dix heures du matin, nous nous sommes transportés dans les Hôpitaux; et, après y avoir employé les mêmes moyens que sur les bâtiments, nous avons eu les mêmes succès. De retour au lieu des séances, M. le Président a rendu compte à la Société de cette dernière démarche; et il a été arrêté que le présent Procès-verbal sera signé par tous les membres de la Députation et par les Députés des divers bâtiments de l'Armée.

Fait et conclu en société, lesdits jour et an.

Et ont signé ainsi qu'il suit :

Membres de la Société des Amis de la Constitution.

Geffroy, *Président*.	L. H. le Cam.
Belval.	Yves le Cam.
Moras.	Thaumur.
Jullou.	Ollivier.
Pouliquen.	Pierron, commis de la marine,
Gerbier.	Barbé.
Blavet.	Chardon.
Bonnard.	Bellanger.
Loyer.	Conseil.
Toullec, fils.	Boelle.

Suite des *Signatures des Amis de la Constitution.*

Bourrasseau.
Filon.
Dereppe.
Julien Martin.
Telier.
Scipion.
Merrienne, aîné.
le Bronsort.
Claudon.
Magnac.
le Breton.
Lamothe.

OUVRIERS DU PORT.
Lesaux.
jean-marie Thepot.
Gener.
Masson.
Mazeas cadet.
Bellanger.
Largenton aîné.
Pondaven.
Gourvenec.
Goueznou-Luneven.
Leden.

GARDE NATIONALE.
Le Cler.
Moreau.
Trouille, major de lad. garde.
Tanguy Peton.
G. Marchand.
Simon Olivier.
Gueguen.
Laurent-marie Janin.

Régim. de NORMANDIE.
Le Pelletier, député des grenad.
La France, sergent-major.
Desert, *idem.*
Coffe, caporal.
Horsin, sergent.
Petit-jean, caporal.

L'ISLE-DE-FRANCE.
Nicolas des Vignes, soldat.
Guy, fusilier.
Espanet, sergent-fourier.
Hation, caporal.
Lefebvre, *idem.*
Ribeaud, fusilier.

Suite *de l'Isle-de-France.*
Menard, caporal.
Pelletier, fusiler.

Régim. de BEAUCE.
Auger, grenadier.
Le Bret, fusilier.
Guillien, dit cœur de Roi, *id.*
Toussaint, *idem.*
Godot, *idem.*
Aymez, *idem.*
Desplan, *idem.*

CORPS ROYAL DES CANONNIERS-MATELOTS.
Gross, canonnier.
Thomas, *idem.*
Everling, *idem.*
Brunelle, *idem.*
Prieur, canonnier-invalide.
Grase, *idem.*
Humbert, *idem.*

COMPAGNIE DES OUVRIERS DE L'ARTILLERIE.
Icard, sergent-major.

Députés des Vaisseaux

L'AUGUSTE.
Jeannein, sergent de Forez.
Cabarot, caporal.
Bourdiol, fusilier.
Chaty, *idem.*
Chevalet, *idem.*
Faucquette, *idem.*
Alexandre Dumenil, gabier.
Renotte, capor. du corps royal.
Le Halleur, canonnier.
Allain, gabier.
Cotar, *idem.*
Lemieux, *idem.*
Jacques Grouard, *idem.*

LES DEUX FRERES.
Rouget, soldat du R. de poitou.
Evrard, soldat, *idem.*
françois Sivard, gabier.
nicolas Baudry, matelot.
jean-thomas Fleury, *idem.*
julien Chaumeau, *idem.*
Lougrat, aide-canonnier.

LE MAJESTUEUX.
La Montagne, second canonn.

Suite du Majestueux.
jean le Roy, gabier.
antoine Lambert, m^e. canonn.
Rapha, caporal.
Leblond, soldat de normandie.
Viveoleni, soldat *idem.*
Joffroy, gabier.
Chevalier, officier-marinier.
charles Dauplé, matelot.

LE TÉMÉRAIRE.
Ledreux, sold. app.^{té} de Poitou
Dagonal, *idem.*
étienne Duguttin, gabier.
joseph Augé, matelot.
jean Chalet, *idem.*
nicolas Ory, *idem.*

LE DUGUAI-TROUIN.
Jean-Baptiste Godar, canonn.
Raucour, dit vive le roi, app.^{té}
du régiment de Rouergue.
La Déroute, appointé, *idem,*
Parlot, soldat, *idem.*
Pierre Aubert, chef de piece.
J.-Cl. Clouet, patron de canot.
Jean-Ant. Launois, quart.-m.
Gabriel-Charles Patin, matel.

LE JUPITER.
marie-rené Lucas, gabier.
jean Cresminet, *idem.*
étienne Godel. *idem.*
jacques Locir, *idem.*
pierre Antoine, canonnier.

L'ÉOLE.
gilles Plebert, chef de piece.
Tressonne, sold. du r. de Rohan
Knntzler, chef de piece.
Pignol, app. du régt. rohan.
Dietrich, gabier.
jean Senart, gabier.
jean-ch. Chevalier, matelot.

L'AMÉRICA.
S. Simon, c. au r. de rouergue.
Canton, p. classe de la marine.
S. Julien app. au même régt.
françois Blanchard, matelot.
p. Duhin, sold. au même régt.
nicolas gilles Bunet, matelot.
julien Magdelene, matelot.
françois Latelle, matelot.

LE PATRIOTE.
Aubri, c. du régt. de Beauce.

Suite du Patriote.
Jacquet, matelot.
Gauffin, fusilier audit régt.
michel Mahieu, timonier.
Roussel, chef de piece.
nicolas Lacour, timonier.
claude Guignon, chef de piece.
rené Martineau, gabier.

L'APOLLON.
Durrieu, c. au régt. d'Agenois.
guillaume Sauriac, matelot.
Jalié, fusilier audit régiment.
jean Roi, gabier.
charles Duport, chef de piece.
jean Lafourcade, gabier.

LE TOURVILLE.
l. Maherlin, aide pilote.
joseph Causic, gabier.
Frion, soldat de Rohan.
françois Landro, chef de piece.
joseph Boulost, matelot.

L'ENTREPRENANT.
joseph marie Philippaux, pilote.
Lucas, gabier.
p. f. Mignon, second canonier.
Chaligne, canonier matelot.
l'Aimable, app. au r. de Rohan
Gombault Oliviero, s. maître.
pierre Ferec, matelot.
Caradec, canonier.
Rauch, serg. au régt. de Rohan.
le Brun, fusilier audit régiment.
françois Callau, contre-maître.
louis Auvry, matelot.
Mintec, canonier.
de Souaw, cap. au même régt.

LE SUPERBE.
Leclerc, serg. maj. cap. d'arm.
Perbal, ap. au régt. de Forez.
louis Naudau, gabier.
bazille Courio, gabier.
jean marie Thebault, timonier.
j. f. le Marquive, timonier.
Jacou, serg. second canonier.
Pelerau, sold. au r. de Forez.
joseph Grangé, gabier.
f. Doullet, s. au régt. de Forez.
jean-bap. Menard, aide pilote.
j. f. Tanqruai, second pilote.
Batisson, maître-canonier.
Piqueray, quartier-maître.

Suite du Superbe.
charles Menard, timonier.
Pinard, fold. au régt. de Forez.
gab. Beletre, quartier-maître.
pierre le Touzey, matelot.
Frégates.
LA PROSERPINE.
L. Canouge, foldat de Beauce
j. guillaume Simon, *idem.*
michel Guilcher, aide-can.
jean Menard, quartier-maît.
louis-angélique Baucher, mat.
françois Ouchet, matelot.
réné Paillouffon, gabier.
LA RÉUNION.
Charles Béthanie, quart.-m.
Perret, foldat de marine.
Jacques Coudré, gabier.
Pierre-Charles Dubot, *idem.*
Jean-Louis Hervieux, matel.
LA DANAÉ.
Bertrand, foldat deRouergue.
Bourgel, aide-canonnier.
G. V. Peret, aide-canonn.
Grandpré, commis aux rev.
Gard, volontaire.
Charié, capitaine-d'armes.
Merdrignac, maître voilier.
Verveur, maître d'équipage.
jean le Maiune, gabier.
LA SURVEILLANTE.
louis Marin, foldat de marine.
jean Breal, gabier.
L'Huiffier, canonn. bourgeois.
Foulon, timonnier.
Phulpain, caporal de Rouerg.
claude Beuzard, tamb. d'*idem.*
jean Cleraux, gabier.
julien Egaut, *idem.*
L'ATHALANTE.
guillaume Bihel, gabier.
françois Oguet, *idem.*
j. f. Koning, foldat de marine.
j. ph. Toul, aide-canonnier.
LA FINE.
jacques Marais, fecond pilote.
hervé Abgral, contre-maître.
marc Met, gabier.
françois le Tome, *idem.*
Binette, aide-canonnier.

Suite de la Fine.
Combet, foldat de de Norm.
jofeph Fauchou, matelot.
julien Simon, *idem.*
LA FIDELLE.
ambroife Fleuret, timonnier.
louis-jacques Dubois, *idem.*
jacques Moueffou, cap-d'arm.
jean-Bap. Baftien, fold. de m.
fr. la Rue, caporal de forez.
charles le Cat, appointé.
julien le Marié, gabier.
LA CYBELLE.
Bapft, maître canonnier.
jofeph Bernard, timonnier.
Clinchant, foldat de marine.
Herjean, quartier-maître.
pierre le Cané, gabier.
Picot, aide-canonninr.
jacq. Calot, matelot charpent.
philibert Meudal, novice.
LA BELLONE.
g. m. Monnier, aide-canonn.
jean Petit, foldat de marine.
charles Chaumont, quart.-m.
noël-fimon Robert, gabier.
claude Allaire, gabier.
nicolas-françois Landrin, mat.
LA PRÉCIEUSE.
Bouchot, caporal de marine.
louis-marie Voifin, gabier.
pierre le Conniat, gabier.
jofeph le Sidaner, timonnier.
Corvettes.
LA FAUVETTE.
Divoul, caporal de la marine.
Narjot, chef de piece.
yves le Gallo, matelot.
LE MARÉCHAL DE CASTRIES.
Le Maire, canonnier de la m.
j. b. Blondelle, aide-canonn.
fimon Millet, timonnier.
denis-jofeph le Normand, gab.
LE CERF.
Kerfurus, maître d'équipage.
p. le Velly, maître calf.
Lacoudraye, foldat de marine
françois le Coué, gabier.
Mordan, matelot.

Suite des Corvettes.
LE GOELAN.
jean-louis Jouvenot, matelot.
yves-alexis Rious, second m.
j. f. le Goff, maître canonnier.
guillaume Élie, gabier.

Suite du Goelan.
j. b. m. Duval, capit. d'armes.
L'ESPIEGLE.
jean-baptifte Duboc, fecond m.
charles Caillot, gabier.

CAZERNE DES MARINS.

Houpquin de l'Etang, 1. pilote
Cafimir le Vallois, matelot.
pierre Gauchet, matelot.

Collationné à l'original dépofé aux Archives de la Société des Amis de la Conftitution.

Signé, **GEFFROY**, *Préfident.*

BELVAL,
MORAS,
JULLOU.
POULIQUEN;

} *Secrétaires.*

A BREST, de l'Imprimerie de R. MALASSIS. 1790.